AF360187

LES DEUX
PETITS SAVOYARDS,

BALLET-FOLIE-PANTOMIME

EN DEUX ACTES,

Décors de MM. Mathis et Desroches.

Représenté, pour la première fois, à Paris, sur le théâtre de la Porte Saint-Martin, le 28 juillet 1807.

A PARIS,

Chez Barba, Libraire, Palais du Tribunat, derrière le théâtre Français, n°. 51.

M. DCCCVII.

PERSONNAGES.	ACTEURS.

M. de VERSEUIL, Seigneur.	M. *Mérante.*
LE BAILLI.	M. *Fusil.*
CHARLOT, fils du Bailli.	M. *Robillon.*
MICHEL, } petits Savoyards, neveux du Sei-	Mad. *Quériau.*
JOSET, } gneur.	Mlle. *Caroline.*
LAURE, Fille adoptive du Seigneur.	Mlle *Adèle.*
MICHELI, aveugle, mère des petits Savoyards.	Mlle. *Descuillers.*
CLERMONT, valet de chambre du Seigneur.	M. *Sévin.*
UN PETIT MAITRE.	M. *Philippe.*
UN CHARLATAN. }	
UN MENETRIER. }	M. *Lefébvre.*
UNE BOHEMIENNE.	Mad. *Belment.*
UN PAYSAN, faisant danser l'ours.	M. *Odry.*
UN ESCAMOTEUR.	M. *Parisot.*
UN Feseur de tours de force.	M. *Mérante jeune.*
UNE femme faisant des tours de force.	Mlle. *Agathe.*
UNE BOUQUETIERE.	Mlle *Degville.*
UN ARLEQUIN.	M. *Renauzy.*
UN PIERROT.	M. *Alerme.*
UN POLICHINEL.	M. *Dumouchel.*
UN MARIÉ.	M. *Soisson.*
UNE MARIÉE.	Mlle. *Aline.*
UN marchand de Coco.	
UN PAILLASSE.	
UN PAYSAN, jouant de l'orgue.	
UN PAYSAN, portant la Lanterne magique.	
UNE Marchande d'habits.	
UNE Marchande de poupée.	Mlle. *Tiger.*

Acte premier.

Messieurs Renauzy, Louis. Mesdemoiselles Agathe, Degville.

Gros Paysans et Paysannes.

Messieurs Camus, Rousseau, Alerme, Lefébvre, Dumouchel, Lauzanne. Mesdames Denise, Reine, Victoire, Laure, Darmaincourt, Fanchonnette.

Savoyards et Savoyardes.

Messieurs Martin, Mérante jeune, Lebeau, Boucher, Hyppolite, Pochet. Mesdames Rhenon, Godet, Duval, Marianne, Tiger, Euphrosine.

Piqueurs, Gardes, Paysans, Domestiques, Marchands forains, Enfa-

La scène se passe près de Lyon.

PETITS SAVOYARDS.

ACTE PREMIER.

Le théâtre représente un village. A droite, la maison du Bailli et plusieurs chaumières. A gauche, la grille du château, enclavée dans un petit pavillon. Plus loin la suite de la grille traversant le théâtre. On lit sur une grande affiche : Fête au château pour célébrer la naissance de la fille adoptive de Monseigneur.

Au lever de la toile, le jour commence à poindre. La jeune Laure repose sur un sopha qui est dans le pavillon. Michel, triste et rêveur, s'avance vers ce pavillon, il le regarde en soupirant, et ses yeux se remplissent de larmes. Il montre que c'est dans ce lieu qu'habite celle qu'il aime ; puis il écoute si Laure est éveillée; n'entendant aucun bruit, il monte sur la croisée; lorsqu'il apperçoit Laure, la joie se répand sur son visage. Tout à coup devenant triste, il descend et se peint combien son amour est déraisonnable, et combien il se prépare de chagrin ; il voudrait s'éloigner , mais il revient malgré lui et remonte sur la croisée pour admirer Laure ; à peine ses yeux sont-ils fixés sur cette jeune personne, qu'elle s'éveille. Il saute en bas et se sauve. Laure qui en se réveillant entend du bruit, se met à la croisée : mais le petit Michel est déjà bien loin et ne peut être apperçu. Laure croyant s'être trompée, promène ses regards avec bonté sur le village, elle va vers un secré-taire et prend plusieurs dons. Pendant ce tems , les villageois sortent de leurs chaumiè-res et viennent planter un mai, le Bailli et son fils Charlot sont à leur tête.

Ces villageois, après avoir orné le mai de banderolles de différentes couleurs, se met-tent à danser autour. Laure paraît, ils se groupent à l'entour d'elle, et lui présentent des bouquets. Le Bailli lui-même se groupe avec son fils.

Laure attendrie de l'hommage de ses vas-saux, leur en témoigne sa reconnaissance, et donne à chacun d'eux une marque de sa gé-néreuse bienveillance. Lorsqu'elle s'approche du Bailli et de son fils , qui tendent également la main d'un air pénétré, elle n'a plus rien à donner. Charlot pleure. Elle s'éloigne et va pour visiser une autre partie du hameau. Elle est arrêtée par ceux qu'elle vient de soulager. Tous se pressent sur ses pas, et six petits enfans lui apportent une couronne.

On entend l'air : *Je suis du pays des montagnes*. Laure écoute avec une attention marquée, et semble prendre un plaisir extrême à entendre cet air, elle fait même quelques pas pour aller au-devant de ceux qui le jouent sur leurs vielles.

Les deux petits Savoyards paraissent, tenant chacun leur mère sous leur bras, et l'aidant à marcher. A cette vue Laure court vers cette bonne et heureuse mère, et lui présente elle-même un siége. Michel fortement ému, remercie la jeune Comtesse. Joset imite son exemple, et remercie Laure en conservant un air de gaîté franche. Laure voulant offrir quelque chose à ces bons Savoyards et à leur mère, détache son collier, ses bracelets, son anneau, donne l'un à la mère, les autres à Joset, et la bague à Michel ; elle éprouve à la vue de ce jeune homme un sentiment inconnu pour elle jusqu'à ce moment. Les Petits Savoyards sont attendris jusqu'aux larmes, et Michel reste les yeux fixés sur leur bienfaitrice sans pouvoir les en détacher. Pendant cette scène, le Bailli se fâche de la prodigalité de la jeune Laure, et son fils toise les petits Savoyards avec un air de mépris. Les paysans sautent de joie. Le son du cor se fait entendre, c'est le retour de Monseigneur qui arrive de la chasse; tous les paysans volent au-devant de lui, il paraît, le tableau des heureux que vient de faire sa fille adoptive, le remplit de joie, et surtout quand il voit la mère des Petits Savoyards, et les Savoyards eux-mêmes parés des dons qu'il avait fait à Laure. Il embrasse cette jeune fille et la félicite sur sa bienfaisance. Michel frappé des traits du Comte, prend Joset à l'écart et lui demande une boîte qu'il a dans son petit sac de peau, et tous deux, à part, examinent la ressemblance du Comte avec le portrait qu'ils ont en leur pouvoir. Quand le Comte s'approche d'eux, ils cachent vîte la boîte et viennent le saluer. Le Comte à son tour est frappé de leurs traits, il les examine et leur fait beaucoup d'amitié. Michel a toujours les yeux fixés sur Laure, Joset sur le Comte, et tous quatre émus par un sentiment différent, expriment leur embarras. Le Bailli présente au Comte la liste des jeux qui composent la fête qu'il donne à sa fille adoptive. Le Comte fort distrait y jette un coup d'œil et la remet au Bailli, en lui faisant entendre qu'il est satisfait. Les paysans se rangent en haie. Il passent au milieu d'eux et rentre au château avec sa fille adoptive. Cette dernière, en s'éloignant, fait à Michel, qui baise l'anneau qu'elle lui a donné, le signe le plus expressif de l'amitié. Joset joue de la vielle à la tête du cortège qui disparaît.

Michel, après un moment de réflexion sur les sentimens qu'il éprouve, est acosté par le fils du Bailli qui vient lui offrir de l'argent pour avoir l'anneau qu'il a reçu de la jeune Comtesse, parce qu'il a de l'amour pour cette aimable fille. Michel presse l'anneau sur son cœur et jure que rien ne pourra le lui faire abandonner. Charlot se fâche, la bonne mère qui est occupée à filer, entend leur querelle et se lève pour mettre les hola. Elle se sert de son fuseau comme d'un bâton, et lorsque Charlot se jette sur Michel, elle lui met, sans le vouloir, son fuseau entre les jambes et le fait tomber. Charlot furieux se retire pour rejoindre le cortège. Il se heurte en courant avec Joset qui revient et tombe une seconde fois; plus furieux encore, il disparaît.

Joset rit de tout son cœur, la mère parcourt le théâtre en tâtonnant. Michel est préoccupé, Joset qui s'en apperçoit le questionne. Michel

hésite. Joset amène sa mère et lui fait entendre que Michel a du chagrin. Tous deux le
pressent, il hésite encore; mais sollicité plus
tendrement, il pose leurs mains sur son cœur,
se trouble et pleure; la mère lui demande
pourquoi il verse des larmes, Joset l'interroge
aussi en les essuyant, alors il avoue qu'il
aime la jeune Comtesse. La bonne mère est
effrayée, Joset rit, Michel exprime que rien
ne pourra chasser de son cœur la passion
qu'il nourrit. Joset rit encore plus fort; mais
la bonne mère qui sent tous les dangers de
cet amour, le presse de quitter ces lieux, et
veut l'entraîner, efforts inutiles, Michel veut
rester, sa mère l'en prie à genoux, il cède.

Le Bailli rentre avec son fils et quelques
gardes : retrouvant encore là les Savoyards,
il ordonne qu'on les chasse. Joset et Michel,
en voyant s'avancer les gardes, font un rem-
part de leurs corps pour défendre leur mère,
et quittent la scène dans cette situation.

Le Bailli et son fils font apporter une table.
On place un tableau sur lequel on lit :
Ici l'on s'inscrit pour vendre au château.
Charlot et son père se placent en se promet-
tant bien de se faire largement payer. Ils or-

donnent ensuite qu'on fasse venir les marchands.

Le premier qui se présente est un charlatan
ou vendeur d'élixir. Il veut se faire inscrire
et payer avec des manières et des grimaces.
Le Bailli ennuyé est sur le point de le faire
congédier. Le charlatan donne, en cachette,
de l'argent à Charlot, il est inscrit.

Ensuite vient une marchande de poupées,
qui, s'étant apperçue que le charlatan avait
donné de l'argent, en donne aussi, et fait
présent d'une poupée à Charlot. Le Bailli
s'empresse de l'inscrire.

Un troisième personnage s'avance, il conduit un ours. Comme il ne veut pas payer,
le Bailli refuse de l'inscrire, le forain me-
nace, on veut le faire chasser, l'ours se lève
excité par son maître. Le Bailli et son fils ont
peur. L'inscription se fait gratis.

Après vient la lanterne-magique, ensuite
une vieille femme qui dit la bonne aventure ;
et en dernier lieu, une troupe de petits savoyards, les uns avec des loteries ; les autres
avec des vielles, parmi eux se cachent Joset
et Michel.

B

Le Bailli et Charlot laissent entrer tous les marchands forains dans le parc, mais quand ils apperçoivent la caravane des savoyards, ils se lèvent, ferme leurs registres, et refusent de les inscrire, ordonnant en même tems que la grille du château leur soit fermée. Tous les savoyards furieux, se jettent sur le Bailli et sur Charlot. Joset et Michel sont arrêtés, comme leur mère arrive conduite par une petite fille. Envain elle reclame ses fils. Michel et Joset parviennent à s'échapper, ils se précipitent dans les bras de leur mère, on a beaucoup de peine à les séparer. Tous trois sont enfermés, Joset dans le pavillon, Michel dans une chaumière et la mère dans la maison du Bailli. Les autres Savoyards se sont réfugiés chez les villageois où ils sont enfermés aussi. Tout le monde entre au château. Charlot seul reste pour écouter Joset. Ce dernier s'arrache les cheveux et maudit le Bailli et son fils. Il veut enfoncer les portes, mais ne peut y parvenir, non plus que de briser le barreaux des croisées. Apercevant une cheminée, il se met en devoir d'y monter. A peine est-il parvenu au faîte qu'il joue sur sa vielle. *Il était une fillette, qui n'avait pas plus de quinze ans, etc.* Michel et tous les autres savoyards paraissent au haut des cheminées

des chaumières. Joset et Michel, en se re-
voyant ne peuvent trouver. de geste assez
expressifs pour peindre la joie qu'ils éprou-
vent. Michel fait signe à Joset de sauter en
bas ; mais ce dernier en regardant la distance,
lui fait entendre qu'elle n'est pas faite à sa
taille. Ils descendent Joset le long des pierres
de taille , et Michel le long du chaume ; les
autres savoyards, moins hardis qu'eux, redes-
cendent par les cheminées. Charlot qui se voit
sur le point de tomber au pouvoir des petits
savoyards, se glisse le long du pavillon dans
l'espérance de leur échapper. Joset croyant
poser le pied sur une pierre , le pose sur la
tête de Charlot qui se blottit aussitôt dans un
buisson qui est sous la croisée , et ne peut être
vû de Joset qui, regardant où il vient de poser
le pied, est fort étonné de ne rien apercevoir.
Arrivés à terre , Joset et Michel s'embrassent
sans pouvoir se parler. Charlot, croyant
ce moment favorable pour se soustraire à leur
colère , prend la fuite , mais ils l'apperçoivent et le saisissent. Pendant que Joset l'acca-
ble de coups , sans qu'il ose se défendre, et
le couvre de suie , Michel est parvenu à briser la porte du Bailli et à délivrer sa mère ,
ainsi que deux ou trois savoyards qui, à leur
tour, ont délivrés tous leurs petits compa-
gnons.

Attiré par le bruit qu'ils viennent de faire, le Bailli arrive avec les gardes; en voyant son fils couvert de suie et sa porte enfoncée, il devient furieux et fait arrêter de nouveau les petits Savoyards et leur mère.

Des domestiques annoncent l'arrivée de Monseigneur qui paraît aussitôt. Il demande au Bailli qui peut causer une pareille rumeur. Le Bailli lui fait entendre que ce sont les petits savoyards, et lui montre Charlot qu'ils ont couverts de suie, et les portes qu'il viennent d'enfoncer.

Joset et Michel explique au seigneur que le Bailli les a fait emfermer injustement, et que c'est pour sauver leur mère qu'ils ont fait tout ce dégat. Le Bailli l'interompant, veut faire croire au Comte que ce sont des petits voleurs qui prennent des mouchoirs dans les poches, et en disant cela, pour mieux s'exprimer, il prend celui de Monseigneur, qu'ensuite il met dans sa poche par mégardé. Tous les savoyards rient. Michel et Joset, les larmes aux yeux, jurent que le Bailli en impose; et qu'ils n'ont fait d'autre mal que d'avoir voulu se faire inscrire pour entrer au château. Le Comte interroge les paysans, qui tous attestent que Michel et Joset viennent de dire

(13)

la vérité. Le Comte indigné lance un regard
sévère au Bailli, Il comble d'amitié les petits
savoyards , et promet de leur faire du bien.
Michel lui fait entendre qu'avec du travail
et du pain ils se trouvent heureux. Le Comte
a qui ces deux enfans retracent son pays,
s'intéresse vivement à eux , et leur dit qu'il
est aussi de la Savoie , et les engage à recevoir ses bienfaits. Les petits savoyards ne veulent rien accepter. Il les questionne sur leurs
parens. Michel et Joset apprennent, en pleurant, que leur père a perdu la vie. Il leur demande excuse d'avoir rappelé à leur sou-
venir un sujet de douleur et leur demande ce
qu'ils font. Ils lui expliquent que dès que
leurs yeux s'ouvrent à la lumière, ils prient,
chacun , le ciel de leur conserver leur mère,
et leur frère et tous ceux qui soulagent leur mi-
sère. Le Comte est charmé de ces enfans. Laure
lui demande qu'ils soient de la fête , il y consent et ordonne qu'on les laissent entrer au
château. Il les invite même à le suivre ; Michel saisissant la main de la jeune Comtesse ,
la couvre de baiser. Laure est surprise et sourit d'abord ; mais l'embarras de Michel l'a
fait réfléchir, elle se trouble et rougit. Michel qui s'en aperçoit est au comble de la
joie, et dans son ivresse se met avec son frère

à la tête de la marche et suit le Comte et Laure qui rentre au château. Ils reviennent aussitôt sur leurs pas et donnent le bras à leur mère. Cette dernière prévoyant tous les dangers auxquels il vont s'exposer, voudrait les éloigner, ils la rassure et l'entraînent presque de force. Le Bailli et son fils, malgré leur colère, se sont apperçus de l'audace de Michel envers la Comtesse, ils se promettent de l'épier et de s'en venger. Ils suivent la marche en faisant des jestes savoyards, comme pour en montrer le ridicule.

Fin du premier acte.

ACTE II.

Le théâtre représente l'intérieur du parc; de chaque côté sont des boutiques de marchands forains. A droite un Kiosque avec une terrasse garnie de pots de fleurs. A gauche, la boutique du fils du Bailli.

Au lever du rideau, tous les marchands se disputent le plaisir d'amuser le public. On entend tout à la fois la musique, le cor de chasse, la trompette, les violons, l'orgue de Savoie, la vielle, le tambour, et les mirlitons. Dans le fond est un jeu de bague, un mat de cocagne et une bascule. Ici est un escomoteur; là, un chanteur. L'un fait aller ses polichinels; l'autre frappe son ours; celui-ci sur son tableau représentant différens animaux; celui-là sur un autre où l'on voit l'histoire de Pyrame et Thisbée; d'autres font des tours de force, et des enfans s'amusent à différens jeux. Le Comte arrive, suivis des Savoyards et Savoyardes, le Bailli et son fils font ranger tout le monde.

Michel et Joset soutiennent toujours leur mère. Michel, se voyant près du château, craint d'y voir entrer Laure, et fait signe à Jo-

set de lui présenter sa loterie afin de la retenir.
La jeune Comtesse consent à y jouer : à mesure qu'elle gagne, on passe les plaisirs à Charlot, qui les mange avec avidité. Laure semble
s'amuser, et le Comte lui-même fait tourner
une fois l'éguille. Il donne une pièce d'or à la
jeune Comtesse ; elle la remet à Michel qui la
baise et la porte à sa mère. Pendant ce tems,
Joset a tiré une bourse remplie de sous et veut
en rendre la monnoie. Le Comte lui fait signe
de tout garder. La bonne mère qui en touchant
la pièce, sent qu'elle est d'or, ne veut pas la
recevoir. Le Comte s'approchant d'elle, la prie
de la garder, avec tant de bonté, qu'elle se
voit forcée de l'accepter.

Le Bailli allant pour ouvrir la boîte à la
marmote de Michel, Joset l'arrête et lui dé-
fend d'y toucher. Le Bailli, d'un air impor-
tant, lui ordonne de l'ouvrir. Joset met le pied
dessus et s'adressant à Monseigneur, lui demande s'il désire qu'on lui montre la marmote.
Le Comte l'en dispense. Le Bailli veut abso-
lument la voir Michel la prenant sous son
bras, lui fait entendre qu'elle dort. Le Bailli
marquant que c'est malheureux ; il exprime
qu'au contraire c'est heureux. Le Bailli lui
demandant pourquoi il paraît embarrassé, le

Bailli le pressant de répondre , il lui explique
que c'est parce qu'elle ne verra pas sa laide
figure. Le Bailli courroucé est prêt de le dé-
visager. Le Comte à part rit de leur querelle ;
puis prenant un air sévère, il impose silence à
Michel en lui faisant entendre que le Bailli le
représente , à quoi Joset replique que le portrait n'est pas ressemblant. Le Comte lui ordonne de se taire et engage le Bailli de lui par-
donner en faveur de sa jeunesse. Charlot, qui
s'est emparé de la petite loterie de Michel , se
cache dans un coin et fait tourner l'éguille. Joset qui voit tout s'en est apperçu et veut le faire
payer. Charlot est obligé de donner de l'argent.
Joset lui remet les plaisirs qu'il vient de gagner.
Il se plaint qu'ils sont trop pêtits et veut les
choisir lui-même. Il les boulverse tellement ,
que Joset impatienté lui pousse la tête dans la
boîte. Il se relève coëffé avec l'un des plus
grand. Joie générale de tous les Savoyards qui
se moquent de lui. Ils font plus , ils ouvrent
des boîtes qu'ils placent autour de lui, et des-
quelles sortent des marmotes. Charlot entouré
de ces animaux est tellement effrayé que le
Comte et Laure s'en amusent. Encore de nouvelles plaintes portées par le Bailli , (contre
les Savoyards) qui veut qu'on respecte son
fils.

Les paysans se présentent en foule et demandent l'honneur de danser devant Monseigneur. Le Comte leur accorde. Pendant que les ménétriers se placent et accordent leurs haut-bois, leurs violons, et leurs musettes, le Bailli assigne les places et garde celle de son fils, qui est à prier la jeune Comtesse de lui faire la grace de danser avec lui. Laure, avec l'aveu du Seigneur, lui accorde cette faveur. La contredanse commence, et chacun est en cadence, excepté Charlot qui donne et reçoit des coups de pieds en manquant à la mesure.

Ensuite vient une danse savoyarde, et Joset et Michel, avec la permission du Seigneur, se joignent à leurs petits confrères ; lorsqu'ils s'avancent pour danser seuls, le Bailli en colère frappe du pied. Ici il prend sa tête à deux mains et secoue la poudre. Le Comte le regarde avec mécontentement. Joset, avec malice, représente à Monseigneur que c'est qu'il veut leur marquer la mesure. Le Comte rit de cette plaisanterie ; le Bailli étouffant de colère, grince des dents et semble chercher les moyens de se venger. Le Comte est enchanté de la grâce des deux Savoyards et semble aussi méditer un projet.

Pierrot, Polichinel et Arlequin s'avancent

etdansent un pas de caractère. Après vient une danse de sabotiers dans laquelle veut figurer Charlot. Les Savoyards et les Villageois lui marche sur les pieds, il est obligé de se retirer.

La joûte du mât de cocagne est ouverte ; des paysans d'un certain âge essayent d'y monrer, mais envain, les jeunes gens ne peuvent y parvenir non plus. Joset et Michel y grimpent comme des chats et remportent les prix.

Fanfare ou Joset est vainqueur. Un roulement se fait entendre, c'est pour appeler les marchands forains à un banquet. Le Seigneur en montant vers le banquet, dit aux deux petits Savoyards et à leur mère de l'attendre un moment, qu'il va bientôt revenir ; il fait placer ses vassaux, et veille a ce qu'ils ne manquent de rien. Tous portent sa santé. Charlot qui était resté pour savoir ce que voulait le Seigneur aux Savoyards, se sent en appétit et va dérober une cuisse de poulet et un pâté tout entier, il revient aussitôt. Une vielle femme s'est approché de Michel pour lui dire sa bonne-aventure, Michel curieux de savoir ce quelle va lui prédire, laisse prendre sa main et lui prête attention. La jeune Comtesse, occupée a rassurer la mère des Savoyads, qui paraît inquiète de ce que veut le Comte à ses fils, est a portée de tout entendre ; quel est son étonnement lorsque la vieille dit à Michel qu'il est amoureux et que c'est de la jeune Comtesse. Charlot n'est pas moins étonné ; charmé de cette découverte, il va pour en avertir le Comte ; le petit Joset à qui rien n'échappe, s'en est apperçu et l'arrête. Charlot effrayé est comme pétrifié et n'ose plus marcher. La vieille annonce à Michel qu'un orage est prêt à éclater sur sa tête. Laure est glacée d'effroi, Michel ne peut se défendre d'une vive émotion. La vieille le rassurant, lui montre qu'il est six heures, et lui fait entendre que lorsqu'il en sera huit, il sera l'époux de la jeune Comtesse ; (Charlot ne peut entendre, car Joset le tient à l'écart.) Mais Laure qui entend tout, ne peut en croire la prédilection de la vieille, Michel ne peut y croire non plus et la traite de folle ; la vieille, à part, convient qu'il a raison ; mais voulant avoir son argent, elle finit par lui persuader qu'il deviendra l'époux de la jeune Comtesse, il lui donne sa bourse et l'embrasse ; elle s'éloigne en riant de sa crédulité. Michel tout joyeux tire de sa poche différens papiers et une boîte d'or sur laquelle est le portrait qui ressemble au Comte, regardant tous ces objets, il semble se dire qu'ils pourront lui donner les moyens d'accomplir la prédiction.

La vieille s'éloigne en souriant, en se moquant de sa crédulité. Charlot qui vient d'apperce-voir la boîte que Michel a sorti de sa poche, la prend pour celle du Comte, profitant de ce que Joset a la tête tournée de l'autre côté, il se glisse furtivement pour aller avertir le Comte qu'il voit venir. Joset ne tarde pas a s'en appercevoir, il le joint comme il est prêt à parler au Comte, l'attrappe par le pan de son habit et lui fait faire une pirouette qui le porte loin de lui. Le Comte n'a pu voir cette scène, parce qu'il donnait des ordres à Clermont. Il fait signe à Laure de rentrer au château, et à Joset de suivre Clermont qui s'éloigne. Joset prenant Charlot par la main, la lui serre avec tant de force, qu'il le contraint de venir avec lui.

Le Comte fait asseoir la bonne mère près du kiosque et prend Michel à part, il le fait asseoir à côté de lui sur un banc qui est au pied de la boutique de Charlot. Michel est fort embar-rassé et ne répond qu'avec confusion aux ques-tions qui lui sont faites. Le Comte lui met un diamant au doigt, il le regarde et en est ébloui, ne pensant plus que sa mère est aveugle, il va pour la lui montrer, s'appercevant bientôt de son étourderie, il revient près du Comte qui lui fait cadeau de sa bague et l'invite à venir dans son château. Michel accepte avec joie, cependant il y met la condition que sa mère et son frère viendront avec lui. Le Comte ne voulant point y consentir, il rejette les offres qu'il vient de lui faire, et malgré son amour pour la jeune Comtesse, ne veut pas abandonner sa famille, le Comte pour le seduire lui offre sa fortune, il refuse avec véhémence et se précipite sur le sein de sa mère.

Joset à la tête d'une petite troupe de Savoyards et accompagné de Clermont, arrive le fusil sur l'épaule, le chapeau du militaire sur la tête et le sabre au côté, tous ses petits camarades ont le même attiral, Charlot est toujours à côté de lui et n'ose le quitter, lorsqu'il veut s'éloigner, il n'a qu'à froncer le sourcil pour le faire revenir.

Michel va pour parler à son frère, le Comte d'un geste impérarif lui enjoint de rester près de sa mère. Joset veut faire l'exercice, mais ne peut y parvenir. Le Comte ordonne à Clermont de la faire devant lui. Il la répète aussitôt et avec autant de précision que Clermont. Lorsqu'il pose son fusil à terre, Charlot le saisit, et avec l'air d'un brave s'approche du Comte pour lui tout découvrir. Joset s'emparant du fusil d'un de ses camarades, ne lui donne pas le tems de parler, et le poursuit la baïonnette dans les reins, et l'adosse contre ses petits confrères qui ont, ainsi que lui, la baïonnette en avant, de manière qu'il se trouve dans l'impossibilité de faire aucun mouvement; lorsque Joset et ses camarades portent les armes, il tombe à terre et n'ose plus se relever. Le Comte lui ordonnant de se retirer, ainsi qu'à Clermont et aux Savoyards, il est entraîné par ces derniers. Le Comte voyant que Joset a du goût pour le militaire, lui propose d'être officier dans un régiment, et lui présente un engagement. Joset va pour signer lorsque Michel vient lui arracher la plume des mains, en lui montrant sa mère. Joset marque qu'il a l'intention de la mener avec lui, le Comte lui représentant que cela n'est pas possible, il jette son fusil, son sabre et son chapeau à terre et va se réfugier sur le sein de sa mère. Le Comte étonné de trouver autant de vertu dans ces deux enfans, est sur le point de faire cesser leur douleur. Dissimulant encore, il veut pousser plus loin son épreuve : s'approchant des Savoyards, il leur dit d'opter entre lui ou leur mère. Ces bons fils ne balancent point un seul instant et veulent s'en aller. Le Comte les traitent d'ingrats et les menacent de sa colère. La bonne mère effrayée, conjurent ses fils d'obéir aux volontés du Comte, et consent à se séparer d'eux pour qu'il ne leur arrive aucun mal; mais rien ne peut les faire changer de résolution, et ils veulent partir. Le Comte leur ordonne de le suivre. Joset alors le regardant avec fermeté, lui dit qu'il n'a pas le droit de les séparer de leur mère, et lui reproche sa barbarie en lui faisant entendre que s'il a de beaux habits, il n'a pas un cœur comme le sien, et qu'il devrait rougir de sa conduite; le Comte dissimulant toujours, paraît offensé, et d'un geste leur marque qu'ils peuvent partir; puis les retenant, il leur donne sa bourse en détournant la vue; Michel et Joset là refusent, et lui font entendre qu'avec leur travail ils sauront bien nourir leur mère. Cette dernière, en présence du Comte, les presse sur son sein et leur donne sa bénédiction. Le Comte ne pouvant plus long-tems résister au plaisir de leur rendre le bonheur, leur tend les bras, et malgré eux les presse sur son cœur et les conduit à son château.

Le Bailli et son fils qui est parvenu à s'échapper des mains des Savoyards, arrivent comme Michel et Joset, leur mère et le Comte entrent dans le kiosque. Ils font ensemble et ridiculement un projet de vengeance.

(25)

Laure vient sur la terrasse, inquiète et triste,
elle est observée par Charlot et le Bailli qui
guettent l'occasion de la contrarier; l'occasion
se présente, Michel paraît sur la terrasse.

Alors pour se cacher et voir tout, le Bailli
et son fils vont se cacher dans cette cage en-
tourée de toile qui a servi à faire pour les polichinels. Ils passent l'un et l'autre leur tête à
l'endroit même où l'on fait jouer les Gilles et
les Arlequins. Michel n'est d'abord pas apperçu de Laure. Il l'examine un moment avec
plaisir, et pour la distraire lorsque dans sa
rêverie elle vient d'éfeuiller la rose qu'elle a
sur son sein, placé derrière elle, il en ceuille
une autre et la présente sans se montrer. Laure
surprise se retourne et reste stupéfaite. La joie
du Bailli et de Charlot est telle qu'ils agitent
leurs têtes à peu-près comme les polichinels.
Laure demande à Michel ce qu'il veut et comment il est parvenu jusqu'à elle. Michel les
yeux baissés s'excuse et demande pardon avec
tant de grace, que Laure sourit; alors Michel
plus hardi ose exprimer ce qu'il sent, et dans
son ivresse se jette aux genoux de Laure. A
ce moment le Bailli et Charlot entrent chez le
Comte, Laure ordonne à Michel de se lever,

et commence à se trouver blessée de sa conduite.

Charlot et son père amènent le Comte qui est suivi de Joset et de sa mère. Ils lui montre ce qui se passe sur la terrasse. Le Comte d'abord peut à peine en croire ses yeux ; mais bientôt n'en pouvant plus douter, il s'emporte et fait signe à Michel de descendre.

Le Bailli et son fils racontent au Seigneur plus qu'ils n'ont vu, ce qui augmente sa colère; Michel paraît et vient se précipiter à ses pieds en implorant sa clémence. Charlot s'adressant au Comte, en lui montrant Michel, fait entendre que c'est peu d'avoir manqué à la jeune Laure, qu'il a de plus volé une boîte avec un portrait appartenant à Monseigneur.

Le Comte qui connaît la haine que lui portent le Bailli et son fils, n'ajoute aucune foi à ce qu'ils disent, il veut les faire éloigner ; Charlot cependant soutient qu'il a vu, de ses propres yeux, la boîte du Comte entre les mains de Michel. Le Comte ne la trouvant effectivement pas, et commence à soupçonner les Savoyards qui, révoltés qu'on les prennent pour des voleurs, vuident leurs poches et leurs petits sacs de peau. Quelle est la surprise du Comte en voyant parmi les objets qui éclatent sous ses yeux une boîte d'or qu'il croit être la sienne, fouillant encore une fois dans ses poches et n'y trouvant rien, il n'en peut plus douter ; Laure qui vient d'être témoin de cette scène est rentrée au château en pleurant et en élevant les bras vers le ciel.

Le Comte fait éloigner tout le monde, ensuite il reproche aux savoyards d'avoir abusé de ses bontés, Michel reste pétrifié ainsi que son frère et sa mère. Le Comte voyant le repentir sincère de Michel et la peine qu'il ressent, lui pardonne presque la déclaration d'amour qu'il a faite à sa fille adoptive, puis, le prenant par la main, il lui demande ce qui à pu le porter à dérober la boîte qu'il avait dans sa poche. Michel assure qu'elle lui appartient. Le Comte mécontent de lui voir nier le fait, emploie tous les moyens pour lui faire avouer. Michel soutient toujours qu'il est innocent, et que le portrait qui est sur sa boîte est celui de son père. Le Comte trouvant la ruse trop grossière, fait éclater toute sa colère et donne ordre à ses gardes de s'emparer de ces enfans et de leur mère, bien persuadé qu'ils sont coupables. Le Bailli et son fils se réjouissent, Michel se met au-devant des gardes et les arrête ; Michel au désespoir s'accuse d'être la cause de tout ce qui vient d'arriver, il embrasse les genoux du Comte en le conjurant de ne punir que lui seul. Le Comte attendri, lui promet son pardon s'il avoue le vol qu'il a commis. Michel prend le ciel à témoin de son innocence, et tirant avec précipitaton des papiers de son sein, les présente au Comte pour lui prouver que la boîte lui appartient. Le Comte poussé à bout, refuse de les lire et fait signe à ses gardes d'exécuter les ordres qu'il leur a donné. Michel embrasse de nouveau les genoux du Comte, ce dernier le repousse avec horreur, se pricipitant au milieu de gardes, il les arrêtent comme ils vont pour saisir son frère et sa mère. Ne voyant d'autre moyen de les sauver qu'en avouant qu'il est coupable, il s'approche du Comte et lui fait l'aveu d'avoir volé la boîte, en lui assurant que lui seul a commis ce crime, et que son frère et sa mère sont innocens. Le Comte détourne ses regards, Michel se couvrant le visage, se précipite dans les bras de sa mère. Joset réfute ce que vient de dire son frère, et atteste le ciel qu'aucun d'eux ne sont coupables. Le comte indigné de ce nouveau détour, somme

Michel de lui avouer la vérité. Ne pouvant plus long-tems soutenir le mensonge, Michel jure avec son frère et sa mère qu'ils sont injustement accusés. Alors le Comte n'écoutant plus rien, ordonne qu'on les entraîne, Michel et son frère enlèvent leur mère et veulent se sauver ; bientôt ils sont saisis, ni les prières ni les larmes de ses enfans ne peuvent fléchir le Comte, ils sont séparés. Michel rassemblant toutes ses forces, se débat tellement, qu'il s'échappe et va tomber sans connaissance aux pieds de sa mère qui, le saisissant dans ses. bras, est entraîné avec lui et Joset. Laure arrive en ce moment et s'évanouit à la vue de ce tableau déchirant. Clermont la retenant dans ses bras s'apperçoit qu'elle tient une boîte d'or semblable à celle qui vient d'être trouvée sur Michel. C'est celle qui appartient au seigneur. Clermont la présente au Comte qui, la reconnaissant pour être à lui, reste anéanti. Se relevant comme un homme qui a perdu la raison, il prend dans le sein de Michel les papiers qu'il a refusé de lire. A peine ses yeux ont fixés les caractères qu'il les mouillent de larmes, et voit que ce sont ses neveux. Puis allant de Michel à Laure, il leur fait prodiguer des soins qui les rappellent à la vie. Il apprend à Michel et Joset qu'ils sont ses neveux, en les pressant sur son sein. Joset et Michel se reculent d'abord; mais certain de leur bonheur, ils ne peuvent se défendre des embrassemens du Comte. Ce dernier les pressant sur son cœur, les arrose de larmes. Le Bailli et son fils semble dire au Comte : *Comment, il est possible qu'il puisse reconnaître des Savoyards pour ses parens ;* il ne leur répond qu'en embrassant Joset et Michel. Alors Charlot et son père se confondent en politesse envers les Petits Savoyards et leur mère, Michel qui est dans les bras du Comte, jette un regard sur la jeune Laure. Le Comte le comprenant, lui accorde la main de cette jeune fille. On fait dresser un contrat que le Comte signe en même tems que celui d'un autre couple de ses vassaux qu'il unit en l'honneur d'avoir retrouvé ses neveux. Fête générale. Le Comte, usant du droit du seigneur, danse d'abord avec la mariée, puis la cédant à son époux, il la laisse danser avec lui. Illumination , feu d'artifice , dans lequel on lit ces mots en lettres de feu :

Vive Monsieur le Comte et ses Neveux.

Divertissement Général.

F I N.

Dictionnaire abrégé des Mythologies de tous les peuples policés ou barbares, tant anciens que modernes, augmenté d'un nombre considérable d'articles concernant les divinités et les cérémonies du culte public des Persans, des Scandinaves, des Borrussiens ou anciens Prussiens, des Celtes, des Gaulois, des Japons, des Chinois, des Tartares, etc., qui ne se rencontrent dans aucun autre abrégé des Mythologies. Dédié aux Éléves des Écoles Secondaires.

Multa paucis.

2 gros vol. in-18. gaillarde non-interlig. grande justific. imp. sur grand raisin collé.　　　6 l.

Histoire de la Campagne de 1806 contre la Prusse et la Russie, précédé de l'histoire de la dernière guerre avec l'Autriche, et des événemens qui ont eu lieu dequis le sacre de Napoléon jusqu'à ce jour. 3 vol. in-12.　　　6 l.

Pièces nouvelles qui viennent de paraître.

Arlequin double, vaudeville en 1 acte, par MM. Désaugiers et Servières.　　　1 f. 20 c.

Le Panorama de Momus, comédie mêlée de vandevilles, en un acte, par MM. Désaugiers, Moreau et Francis.　　　1 f. 20 c.

Amour et Mystère, ou lequel est mon Cousin ? vaudeville en un acte, par M. Pain.　　　1 f. 20 c.

Koulouf, ou les Chinois, opéra-comique en 3 actes, par M. Guilbert-Pixerécourt.　　　1 f. 50 c.

François Ier, ou la Fête mystérieuse, comédie en 2 actes, en vers, mêlée d'arriettes, par MM. Sewrin et Chazet.　　　1 f. 20 c.

Baudoin, comte de Provence, ou le Retour des Croisades, mélodrame en 3 actes, par M. Mardelle.　　　1 f.

Jean de Paris, mélodrame en 3 actes, par M. Marsollier. 1 f.

Romulus, mélodrame en 3 actes, par M. Lamey.　　　1 f.

Le Faux Alexis, ou le Mariage par vengeance, mélodrame en trois actes, par M. Caigniez.　　　1 f.